AF470119

CATÉCHISME

DES INDUSTRIELS.

IMPRIMERIE DE SÉTIER,
Cour des Fontaines, N.° 7.

CATÉCHISME

DES INDUSTRIELS.

PREMIER CAHIER.

D. *Qu'est-ce qu'un industriel ?*

R. Un industriel est un homme qui travaille à produire ou à mettre à la portée des différents membres de la société, un ou plusieurs moyens matériels de satisfaire leurs besoins ou leurs goûts physiques ; ainsi, un cultivateur qui sème du blé, qui élève des volailles, des bestiaux, est un industriel ; un charron, un maréchal, un serrurier, un menuisier, sont des industriels ; un fabricant de souliers, de chapeaux, de toiles, de draps, de cachemires, est également un industriel ; un négociant, un roulier, un marin employé sur des vaisseaux marchands, sont des industriels. Tous les industriels réunis travaillent à produire et à mettre à la portée de tous les membres de la société, tous les moyens matériels de satisfaire leurs besoins ou leurs goûts physiques, et ils forment trois grandes classes qu'on appelle les cultivateurs, les fabricants et les négociants.

D. *Quel rang les industriels doivent-ils occuper dans la société?*

R. La classe industrielle doit occuper le premier rang, parce qu'elle est la plus importante de toutes; parce qu'elle peut se passer de toutes les autres, et qu'aucune autre ne peut se passer d'elle; parce qu'elle subsiste par ses propres forces, par ses travaux personnels. Les autres classes doivent travailler pour elle, parce qu'elles sont ses créatures, et qu'elle entretient leur existence; en un mot, tout se faisant par l'industrie, tout doit se faire pour elle.

D. *Quel rang les industriels occupent-ils dans la société?*

R. La classe industrielle est constituée, par l'organisation sociale actuelle, la dernière de toutes. L'ordre social accorde encore plus de considération et de pouvoir aux travaux secondaires et même au désœuvrement, qu'aux travaux les plus importants, qu'à ceux de l'utilité la plus directe.

D. *Pourquoi la classe industrielle, qui doit occuper le premier rang, se trouve-t-elle placée au dernier? pourquoi ceux qui, par le fait, sont les premiers, sont-ils classés comme les derniers?*

R. Nous expliquerons cela dans le courant de ce catéchisme.

D. *Comment les industriels peuvent-ils faire pour passer du rang inférieur où ils sont placés, au rang supérieur qu'ils ont le droit d'occuper?*

R. Nous dirons, dans ce catéchisme, la manière dont ils doivent s'y prendre pour opérer cette amélioration dans leur existence sociale.

D. *Quelle est donc la nature du travail que vous entreprenez? en un mot, quel but vous proposez-vous, en faisant ce catéchisme?*

R. Nous nous proposons d'indiquer aux industriels les moyens d'augmenter le plus possible leur bien-être; nous nous proposons de leur faire connaître les moyens généraux qu'ils doivent employer pour accroître leur importance sociale.

D. *De quelle manière vous y prendrez-vous pour atteindre à ce but?*

R. D'une part, nous présenterons aux industriels le tableau de leur véritable situation sociale; nous leur ferons voir qu'elle est tout-à-fait subalterne, et par conséquent très-inférieure à ce qu'elle doit être, puisqu'ils sont la classe la plus capable et la plus utile de la société.

D'une autre part, nous leur tracerons la marche qu'ils doivent suivre pour se placer au premier rang, sous le rapport de la considération et du pouvoir.

D. *Vous prêcherez donc, dans ce catéchisme, l'insurrection et la révolte? car les classes qui se trouvent spécialement investies du pouvoir et de la considération, ne sont certainement pas disposées à renoncer volontairement aux avantages dont elles jouissent.*

R. Loin de prêcher l'insurrection et la révolte, nous présenterons le seul moyen d'empêcher les actes de violence dont la société pourrait être menacée, et auxquels elle échapperait difficilement, si la puissance industrielle continuait à rester passive au milieu des factions qui se disputent le pouvoir.

La tranquillité publique ne saurait être stable tant que les industriels les plus importants ne seront pas chargés de diriger l'administration de la fortune publique.

D. *Expliquez-nous cela, et dites-nous pourquoi la tranquillité publique sera menacée si les industriels les plus importants ne sont point chargés de diriger l'administration de la fortune publique.*

R. La raison en est bien simple : la tendance politique générale de l'immense majorité de la société est d'être gouvernée au meilleur marché possible; d'être gouvernée le moins possible, d'être gouvernée par les hommes les plus capables et d'une manière qui assure complètement la tranquillité publique. Or, le seul moyen de satisfaire, sous ces différents rapports, les désirs de la majorité, consiste à charger les industriels les plus importants de diriger la fortune publique; car les industriels les plus importants sont les plus intéressés au maintien de la tranquillité; ils sont les plus intéressés à l'économie dans les dépenses publiques; ils sont aussi les plus intéressés à la limitation de l'arbitraire: enfin ils sont, de tous les membres de la société, ceux qui ont fait preuve de la plus grande capacité en administration positive, les succès qu'ils ont obtenus dans leurs entreprises particulières ayant constaté leur capacité dans ce genre.

Dans l'état présent des choses, la tranquillité publique est menacée par la raison que l'allure du gouvernement se trouve en opposition directe avec les intentions les plus positives de la nation. Ce que la nation désire principalement, c'est d'être gouvernée au meilleur marché possible, et jamais son gouvernement ne lui a coûté aussi cher; il lui coûte beaucoup plus qu'avant la révolution. Avant la révolution, la nation était partagée en trois classes, savoir : les nobles, les bourgeois et les industriels. Les nobles gouvernaient, les bourgeois et les industriels les payaient.

Aujourd'hui, la nation n'est plus partagée qu'en deux classes : les bourgeois, qui ont fait la révolution et qui l'ont dirigée dans leur intérêt, ont anéanti le privilége exclusif des nobles d'exploiter la fortune publique; ils se sont fait admettre dans la classe des gouvernants, de manière que les industriels doivent aujourd'hui payer les nobles et les bourgeois. Avant la révolution, la nation payait 500 millions de contributions; aujourd'hui elle paie un milliard, et le milliard ne suffit pas; le gouvernement fait fréquemment des emprunts considérables.

La tranquillité publique sera de plus en plus menacée, parce que les charges iront nécessairement toujours en augmentant. Le seul moyen d'empêcher les insurrections qui pourraient arriver, consiste à charger les industriels les plus importants du soin de diriger l'administration de la fortune publique, c'est-à-dire, du soin de faire le budjet.

D. *Ce que vous venez de dire est très-bon, fort intéressant et de la plus grande importance; mais cela ne nous instruit pas directement de ce que nous désirons savoir. Le point que nous vous prions d'éclaircir est celui-ci : Est-il possible de faire sortir la haute direction des intérêts pécuniaires de la société des mains des nobles, des militaires, des légistes et des rentiers, en un mot, des classes qui ne sont pas industrielles, pour la faire passer dans les mains des industriels, sans employer des moyens violents?*

R. Les moyens violents sont bons pour renverser, pour détruire, mais ils ne sont bons que pour cela. Les moyens pacifiques sont les seuls qui puissent être employés pour édifier, pour construire, en un mot, pour établir des constitutions solides. Or, l'acte d'investir les industriels les plus importants de la direction suprême des intérêts pécuniaires de la nation, est un acte de construction; c'est la disposition politique la plus importante qui puisse être admise; cette disposition servira de base à tout le nouvel édifice social; cette disposition terminera la révolution, elle mettra la nation à l'abri de toute nouvelle secousse. Les industriels les plus importants rempliront gratuitement la fonction de faire le budjet, et il en résultera que cette fonction ne sera que faiblement désirée. Les industriels qui feront le budjet, se proposeront pour but l'économie dans l'administration des affaires publiques; ainsi, ils n'accorderont aux fonctionnaires que des traitemens modérés. Les places n'étant que médiocrement recherchées, le nombre en sera considérablement diminué, de manière que celui des prétendants diminuera également, et il s'établira nécessairement un ordre dans lequel un grand nombre de places seront exercées gratuitement, parce que les riches oisifs ne trouveront pas d'autre moyen de se procurer de la considération.

Quand on étudie le caractère des industriels et la conduite qu'ils ont tenue pendant la révolution, on reconnaît qu'ils sont essentiellement pacifiques. Ce ne sont point les industriels qui ont fait la révolution, ce sont les bourgeois, c'est-à-dire, ce sont les militaires qui n'étaient pas nobles, les légistes qui étaient roturiers, les rentiers qui n'étaient pas privilégiés. Encore aujourd'hui, les industriels ne jouent qu'un rôle secondaire dans les partis politiques existants, et ils n'ont point d'opinion ni de parti politique qui leur soit propre. Ils portent plus d'intérêt au côté gauche qu'au côté droit, parce que les prétentions des bourgeois choquent moins les idées d'égalité que celles des nobles ; mais ils ne s'abandonnent point aux idées des libéraux : c'est la tranquillité qu'ils désirent par-dessus tout. Les meneurs des libéraux, au-dedans et au-dehors de la Chambre, sont des généraux, des légistes et des rentiers. Les nobles et les bourgeois désirent être chargés de l'administration de la fortune publique, principalement pour l'exploiter à leur profit. Les principaux industriels désireraient en être chargés, au contraire, pour y mettre la plus grande économie possible.

Les industriels sentent bien qu'ils sont les plus capables de bien diriger les intérêts pécuniaires de la nation, mais ils ne mettent point cette idée en avant par la crainte de troubler momentanément la tranquillité; ils attendent patiemment que l'opinion se forme à ce sujet, et qu'une doctrine vraiment sociale les appelle au timon des affaires.

De ce que nous venons de dire, nous concluons que les moyens pacifiques, c'est-à-dire, que les moyens de discussion, de démonstration et de persuasion seront les seuls que les industriels emploieront ou appuieront pour faire sortir la haute direction de la fortune publique des mains des nobles, des militaires, des légistes, des rentiers et des fonctionnaires publics, pour les faire passer dans celles des plus importants d'entre eux.

D. *Nous admettons provisoirement que les industriels ne chercheront point à employer la violence pour faire sortir des mains des nobles et des bourgeois la haute direction des intérêts pécuniaires de la société, et pour la faire passer dans celles des plus importants d'entre eux; mais des intentions pacifiques des industriels, il ne résulte pas la preuve que cette classe de la société soit en mesure de se placer au premier rang; nous vous prions donc de nous dire quels sont les moyens des industriels pour opérer, dans la société, le changement radical dont il est question.*

R. Les industriels composent plus des vingt-quatre vingt-cinquièmes de la nation; ainsi, ils possèdent la supériorité sous le rapport de la force physique.

Ce sont eux qui produisent toutes les richesses, ainsi ils possèdent la force pécuniaire.

Ils possèdent la supériorité sous le rapport d'intelligence; car ce sont leurs combinaisons qui contribuent le plus directement à la prospérité publique.

Enfin, puisqu'ils sont les plus capables de

bien administrer les intérêts pécuniaires de la nation, la morale humaine, ainsi que la morale divine, appelle les plus importants d'entre eux à la direction des finances.

Les industriels sont donc investis de tous les moyens nécessaires; ils sont investis de moyens irrésistibles pour opérer la transition dans l'organisation sociale qui doit les faire passer de la classe des gouvernés dans celle des gouvernants.

D. *C'est l'union qui fait la force; c'est par la raison que les industriels ne sont point unis qu'ils sont dominés par les nobles, par les militaires, par les légistes, par les rentiers et par les fonctionnaires publics. Il n'y a pas de doute que leur supériorité, sous tous les rapports importants, ne soit telle que, s'ils étaient unis, ils se trouveraient d'emblée investis de la direction suprême des affaires communes; il n'y a pas de doute qu'ils ne seraient point obligés d'user de violence pour faire reconnaître leur supériorité par les autres classes, parce que chacune d'elles, et même toutes réunies, sont trop inférieures en force à leur égard, pour qu'elles puissent entreprendre de leur disputer le pouvoir. Mais n'existe-t-il pas, par la nature même des choses, un obstacle radi-*

cat à l'union des industriels ? Nous serions portés à le croire, et nous fondons cette croyance sur ce seul fait que, malgré l'intérêt que les industriels ont eu à s'unir depuis l'origine de la société, ils se sont constamment laissé dominer par les classes non industrielles.

R. Lorsque les Francs eurent conquis les Gaules et qu'ils s'en furent partagé le territoire, ils se trouvèrent, en même temps, les chefs industriels et les chefs militaires du pays. Ce n'est que successivement que la classe industrielle s'est séparée de la classe militaire, qu'elle a acquis de l'importance, qu'elle s'est donné des chefs distincts des chefs militaires, et c'est seulement aujourd'hui qu'elle possède la force et les moyens suffisans pour se constituer première classe de la société; ainsi vous auriez tort de conclure du fait que les industriels forment depuis 1400 ans la classe inférieure de la nation française, qu'ils aient été destinés à rester toujours au dernier rang, et qu'ils ne puissent pas s'élever aujourd'hui au premier degré de pouvoir et de considération. La récapitulation rapide des progrès politiques de l'industrie et des industriels, depuis l'origine de notre société française jusqu'à ce jour, rendra cela parfaitement clair.

D. L'examen que nous allons faire est de la plus grande importance ; son importance est telle qu'il doit changer totalement la face des choses en politique, qu'il doit imprimer à la politique un caractère entièrement neuf, qu'il doit changer la nature de cette branche de nos connaissances. Jusqu'à ce jour, la politique n'a été qu'une science conjecturale, ou plutôt on n'a agi et parlé en politique que par routine.

Quand cet examen sera terminé, on pourra appuyer ses raisonnemens sur des faits observés, sur une série de quatorze cents années d'observations. Il est donc extrêmement désirable que cet examen soit facile à saisir, à juger et à retenir. Pour atteindre à ce but, nous vous proposons de diviser votre récapitulation en quatre parties ou époques, savoir :

Depuis l'établissement des Francs dans les Gaules jusqu'à la première croisade ;

Depuis la première croisade jusqu'à Louis XI ;

Depuis Louis XI jusques et compris le règne de Louis XIV ;

Depuis le règne de Louis XIV jusqu'à l'établissement du système de crédit.

Vous conclurez ensuite de cette grande

série de faits ce qui doit arriver à la classe industrielle.

Et nous vous demandons d'abord quels ont été les progrès faits par l'industrie, et l'importance acquise par les industriels, depuis l'établissement des Francs dans les Gaules jusqu'à la première croisade.

R. Depuis l'établissement des Francs dans les Gaules jusqu'à la première croisade, il s'est effectué une opération politique de la plus grande importance, une opération qui a préparé tous les progrès qui ont eu lieu depuis cette époque en civilisation, et par conséquent tous les progrès de l'industrie; car les progrès de l'industrie sont les plus positifs de tous. Cette opération a consisté dans l'amalgame des vainqueurs et des vaincus, dans la formation de la nation française composée des Francs et des Gaulois.

Les progrès postérieurs de l'industrie se sont préparés pendant cette époque, mais il ne s'en est effectué aucun qui mérite d'être cité.

Les Francs, qui étaient les chefs militaires de la Nation, étaient en même temps les directeurs des travaux industriels: presque toutes les terres leur appartenaient; ils s'étaient également emparés du mobilier de la culture, en tête duquel figuraient les Gaulois qui étaient attachés à la glèbe, et qui formaient, par cette raison, la première classe des bestiaux.

Les fabricans des grossiers instrumens aratoires étaient aussi dans l'esclavage, et par conséquent sous la direction des Francs; enfin, la fabrication des étoffes avec lesquelles on se vêtissait, était dirigée par les femmes des Francs, qui les faisaient exécuter sous leurs yeux dans leurs châteaux. Pendant ce laps de temps, les artisans, quoique toujours dans l'esclavage, acquirent de l'importance et parvinrent à se former un pécule qu'ils cachèrent avec soin.

D. *Que s'est-il passé depuis la première croisade jusqu'au règne de Louis XI? quels ont été les progrès de l'industrie? quelles sont les causes qui ont déterminé ces progrès?*

R. Les croisades occasionnèrent des dépenses très-considérables aux aristocrates, c'est-à-dire, aux Francs: leurs revenus ne furent pas suffisants pour les acquitter. Ils furent obligés, pour se procurer les sommes dont ils avaient besoin, de vendre des franchises aux Gaulois qui se trouvèrent en état de les payer.

Les Gaulois qui firent acquisition de la plus grande partie de ces franchises, furent les artisans qui avaient eu, plus que les autres, les occasions et les moyens de se faire un pécule.

Les Francs vendirent aussi des terres aux Gaulois, qui, par des moyens quelconques, étaient venus à bout de se procurer de l'argent; ainsi ce furent les croisades qui déterminèrent la formation de la classe industrielle comme classe distincte de la classe militaire.

L'économie et l'activité de cette classe accrurent ensuite son importance depuis la dernière croisade jusqu'à l'avènement de Louis XI.

Ce furent aussi les croisades qui déterminèrent le perfectionnement et l'accroissement en étendue et en multiplicité des travaux industriels. Les nobles qui avaient été se ruiner dans leurs expéditions asiatiques, rapportèrent en France le goût du luxe, celui de la galanterie, particulièrement le désir très-vif de posséder de belles armes.

La galanterie des hommes développa la coquetterie des femmes; et les femmes, en devenant coquettes, prirent le goût de la parure. Les échantillons des belles étoffes fabriquées en Asie inspirèrent au beau sexe le désir d'en posséder de pareilles; de là l'origine du commerce extérieur, de là l'origine de la fabrication des armes de luxe; de là enfin l'origine de la fabrication de tous les objets *confortables* pour une population devenue apte à savourer des jouissances délicates.

En résumé, à l'époque de l'avènement au trône de Louis XI, la classe industrielle se trouvait bien distincte de la classe militaire. Cette classe se composait de trois sections, savoir :

Des Gaulois propriétaires de terres, cultivateurs de ces terres, et qui n'étaient point militaires ;

Des artisans devenus libres, et qui s'étaient réunis dans les villes ;

Des négocians qui importaient en France les étoffes fabriquées en Asie, et qui faisaient circuler dans le pays les objets de fabrication française.

D. *Quels ont été les développemens de l'industrie depuis Louis XI jusques et compris le règne de Louis XIV? Quelles ont été les causes de la marche et de l'importance acquise par les industriels ?*

R. Au quinzième siècle, la royauté avait déjà acquis beaucoup de force en comparaison de ce qu'elle était à l'époque de la conquête des Gaules par les Francs; époque où elle n'était que le généralat de l'armée des Francs, généralat nommé par les chieftains dont les troupes composaient cette armée.

Louis XI, en montant sur le trône, reconnut que la royauté n'était encore qu'une institution politique très-précaire, qu'elle n'avait point encore un caractère positif et stable; il reconnut que le pouvoir souverain se trouvait encore appartenir collectivement aux barons; il reconnut que le roi n'était, dans la réalité, que le baron le plus important, et que la tradition s'était conservée chez les descendans des chieftains transformés en barons; que le roi n'était, pour eux, qu'un *primus inter pares*, éligible et destituable à leur volonté : il reconnut enfin que le fait qui devait fixer son attention était celui que les barons réunis étaient plus forts et plus puissants en France que le roi, et que la royauté n'avait, dans la constitution féodale, d'autre moyen de conserver sa suprématie, que de maintenir la division entre les barons, et d'en attacher quelques-uns des plus puissants à son parti.

Louis XI conçut le hardi projet de concentrer toute la puissance souveraine dans les mains de la royauté, d'anéantir la suprématie des Francs sur les Gaulois, de détruire le système féodal, d'annuler l'institution de la noblesse, et de se constituer roi des Gaulois au lieu de chef des Francs.

Pour réussir dans ce projet, il lui était nécessaire de combiner son autorité avec les intérêts d'une classe assez forte pour le soutenir et pour lui assurer le succès de son entreprise. Il se combina avec les industriels.

Les industriels désiraient que le pouvoir souverain fût concentré dans les mains de la royauté, parce que c'était le seul moyen d'anéantir les entraves qu'éprouvait le commerce dans l'intérieur de la France, par l'effet de la division de la puissance souveraine; ils désiraient aussi devenir première classe de la société, tant pour la satisfaction de leur amour-propre, que pour les avantages matériels qui résultent du travail de faire la loi, la loi favorisant toujours ceux qui la font. En conséquence, les industriels acceptèrent l'alliance qui leur fut proposée par la royauté, et ils sont, depuis cette époque, restés constamment ligués avec elle.

Louis XI doit donc être considéré comme le fondateur de la ligue qui s'est formée au quinzième siècle entre la royauté et l'industrie contre la noblesse, entre le roi de France et les Gaulois contre les descendans des Francs.

Cette lutte entre le roi et les grands vassaux, entre les chefs des travaux industriels et les nobles, dura plus de deux cents ans avant que tous les pouvoirs souverains fussent concentrés dans les mains de la royauté, avant que les nobles eussent cessé complètement de diriger les travaux industriels. Mais enfin Louis XIV vit affluer dans ses antichambres les descendans ou les successeurs des chieftains les plus importants, métamorphosés ensuite en barons, pour y solliciter des places de domesticité dans sa maison; mais enfin la nombreuse classe des ouvriers n'eut plus d'autres chefs, dans ses travaux, que des hommes sortis de leurs rangs, et que leur capacité ou leur fortune avait mis en état de se constituer entrepreneurs de quelque opération industrielle.

Il est curieux d'observer quelle fut, dans cette lutte, l'action directe des industriels à l'égard des nobles, et les moyens qu'ils employèrent pour leur faire perdre toute l'influence qu'ils exerçaient sur les travaux pacifiques. Cette observation fera connaître la différence radicale qui existe entre le caractère politique des nobles et celui des industriels, entre l'allure civile des Francs et celle des Gaulois.

Les industriels, les Gaulois adonnés à la culture, allèrent trouver les gentilshommes dans leurs châteaux, et ils leur tinrent à peu près ce langage: Vous menez une vie très-triste dans l'état d'isolement où vous êtes à la campagne; le soin de diriger la culture de vos propriétés n'est pas une occupation digne de votre haute naissance; affermez-nous vos terres, vous pourrez passer l'hiver dans les villes et l'été à la campagne, sans avoir jamais à vous occuper que de vos plaisirs; dans les villes, nos confrères les fabricans s'empresseront à vous faire les meubles les plus riches et les plus commodes; nos confrères les marchands vous étaleront dans leurs magasins les étoffes les plus convenables pour faire valoir les charmes de vos épouses, et nos confrères les capitalistes vous prêteront de l'argent quand vous en aurez besoin. L'été, quand vous viendrez dans vos châteaux, vous n'aurez à vous occuper que du plaisir de la chasse, tandis que vos femmes s'amuseront à faire cultiver des fleurs dans leurs parterres.

Les nobles furent séduits par cette proposition; ils l'adoptèrent, et dès ce moment ils cessèrent d'avoir aucune importance positive dans l'état, puisqu'ils cessèrent d'être les chefs du peuple dans ses travaux journaliers.

Ce qui est à remarquer, disons-nous, dans ce changement déterminé par les industriels, ce fut le caractère de leur conduite, qui fut tout-à-fait distincte de la manière de procéder qui existait dans la société avant la formation de leur classe.

Avant la formation de la corporation des industriels, il n'existait dans la nation que deux classes, savoir : celle qui commandait, et celle qui obéissait. Les industriels se présentèrent avec un caractère neuf : dès l'origine de leur existence politique, ils ne cherchèrent point à commander, ils ne voulurent point obéir ; ils introduisirent la manière de procéder de gré à gré, soit avec leurs supérieurs, soit avec leurs inférieurs ; ils ne reconnurent d'autres maîtres que les combinaisons qui conciliaient les intérêts des parties contractantes.

Nous passerons maintenant, si vous voulez, à l'examen de ce qui s'est passé depuis le siècle de Louis XIV jusqu'à l'établissement du système de crédit.

D. *Vous allez trop vite ; il y a un point très-important à éclaircir. Il paraît que Louis XIV, après avoir recueilli les avantages qui étaient résultés de son alliance avec les industriels, après avoir réduit les grands vassaux à lui passer sa chemise et à le servir à table, a tout-à-fait abandonné les industriels ; qu'il ne s'est occupé que d'acquérir une grande réputation comme militaire et comme conquérant ; que de se construire des palais superbes, et de faire dévorer, par ses courtisans, tous les produits des travaux industriels. Qu'avez-vous à nous dire à ce sujet ?*

R. Certainement Louis XIV a été trop dépensier; il a trop aimé la guerre; mais on n'a pas le droit d'en conclure qu'il n'a pas rendu de grands services à l'industrie: c'est d'après ses ordres que Colbert a donné des fonds aux manufacturiers pour établir de grands ateliers de fabrication; c'est avec les fonds de son trésor que s'est élevée la belle manufacture des Van-Robais, qui a donné l'impulsion à tous les travaux en beaux tissus de laine.

Enfin, c'est lui qui a combiné l'alliance entre la capacité scientifique positive et la capacité manufacturière. Il a créé l'Académie des Sciences, et il lui a donné, pour occupation spéciale, le soin d'éclairer et de seconder les travaux industriels.

Permettez-nous de vous faire observer que cette récapitulation doit être la plus rapide possible. Nous vous invitons en conséquence à ne pas nous faire entrer dans de plus grands détails, et à passer immédiatement à l'examen des progrès de l'industrie, et de l'importance acquise par les industriels depuis le règne de Louis XIV jusques et compris l'établissement du système de crédit.

D. *Pour acquiescer à votre désir, nous vous prions de nous dire comment les industriels ont pu s'élever, de la position sociale très-subalterne dans laquelle ils se trouvaient encore sous Louis XIV à l'égard de la noblesse, à l'attitude de rivalité qu'ils ont prise relativement à toutes les classes qui ne sont pas industrielles : en un mot, nous vous prions de nous dire comment il se fait qu'aujourd'hui la Chaussée d'Antin ose lutter avec le faubourg Saint-Germain.*

R. Avant le dix-huitième siècle, les cultivateurs, les fabricans et les négocians, ne formaient encore que des corporations séparées. C'est depuis la fin du règne de Louis XIV que les industriels de ces trois grandes branches de l'industrie se sont liés financièrement et politiquement, au moyen de la création d'un nouveau genre d'industrie, dont les intérêts particuliers sont en accord parfait avec les intérêts communs à tous les industriels. C'est la formation de cette nouvelle branche d'industrie qui a donné aux industriels le moyen d'établir le système de crédit.

Il est extrêmement important d'observer avec la plus grande attention la marche qu'a suivie l'organisation du corps des industriels sous le rapport financier et politique ; car c'est seulement par la connaissance de la manière dont cette organisation s'est opérée qu'il est possible de concevoir, d'une manière nette et ferme, ce que les industriels doivent faire aujourd'hui pour améliorer leur existence sociale : nous vous prions donc de suivre avec beaucoup d'attention ce que nous allons vous dire.

La protection accordée par Louis XIV à la fabrication et au commerce, avait fait prendre un grand essor à ces deux branches de l'industrie ; mais, de ce grand bien, il était résulté un inconvénient; c'est que les manufacturiers et les négocians, ayant multiplié leurs opérations, avaient à faire des paiemens et des recettes dans beaucoup d'endroits différents, d'où il résultait que le travail pour solder réciproquement leurs comptes, employait une grande partie de leur temps.

Les besoins font naître les ressources : il ne tarda pas à se former une nouvelle branche d'industrie, l'industrie banquière. Ces nouveaux industriels allèrent trouver les fabricans et les négocians ; ils leur dirent :

« Vous employez beaucoup de temps et vous « faites de grands sacrifices pour opérer vos « rentrées et pour faire vos paiements. Nous « vous proposons de nous charger de ce travail. Attendu que nous en ferons notre unique « occupation, et que toutes les opérations de « ce genre seront faites par nous, il nous « sera possible de faire vos paiemens et vos

« rentrées à beaucoup meilleur marché que
« vous ne pouvez les effectuer vous-mêmes,
« les transports matériels d'argent devant, par
« ce moyen, être considérablement dimi-
« nués, etc. »

La proposition des banquiers fut acceptée par tous les négocians et les fabricans, de manière qu'à partir de cette époque, tous les mouvements d'argent se sont effectués par les banquiers.

Les banquiers ne tardèrent pas à obtenir un grand crédit, ce qui devait nécessairement résulter du fait que tous les mouvemens d'argent s'effectuaient par eux.

Pour tirer parti de leur crédit, les banquiers le prêtèrent à intérêt aux négocians et aux fabricans.

Les négocians et fabricans, jouissant d'un plus grand crédit, purent étendre leurs opérations et produire une plus grande masse de richesses.

Enfin, le résultat général pour l'industrie et pour la société de l'établissement de la banque, fut que la masse, ainsi que le goût des choses confortables, reçut un très-grand accroissement, et que la classe industrielle commença, dès ce moment, à posséder une force pécuniaire beaucoup plus grande que toutes les autres classes réunies, et même que le gouvernement.

Pendant que les industriels avaient fait de grands progrès en capacité, en importance et en puissance réelle, les classes non industrielles avaient rétrogradé sous tous les rapports; et c'était cependant dans ces classes que la royauté avait continué de choisir les administrateurs de la fortune publique.

La mauvaise administration de la fortune publique fait naître un déficit qui s'était toujours augmenté, et définitivement en 1817, le trésor public se trouvait dans un embarras tel, que ses administrateurs non industriels ne concevaient plus aucun moyen de le tirer d'embarras, et de remplir les engagemens qui avaient été contractés par le roi à l'égard des étrangers, toujours par suite des mauvaises opérations financières qui avaient occasionné la révolution, et ensuite l'anarchie dans le royaume, et qui avaient fini par mettre la nation française dans la dépendance des nations étrangères.

Dans ces circonstances, les banquiers proposèrent au gouvernement tout l'argent dont il avait besoin; mais ils y mirent pour condition :

1.° Que le gouvernement abandonnerait

complètement l'allure barbare qu'il avait eue jusqu'alors en finance; qu'il renoncerait à tout jamais à faire des banqueroutes; qu'il adopterait la marche industrielle, c'est-à-dire loyale; qu'il paierait intégralement tous ses créanciers, quelle que fût l'origine de leur créance.

2.° Que cette affaire serait traitée de gré à gré entre eux, banquiers et le gouvernement; que les conditions de l'emprunt seraient débattues entre eux et les ministres, comme une affaire entre simples particuliers.

La proposition des banquiers fut acceptée. On vit alors naître le crédit public, et le crédit public donna à l'institution de la royauté plus de solidité qu'elle n'en avait jamais eu.

Ici se termine la récapitulation que nous avions promise des progrès faits par l'industrie, et de l'importance acquise par les industriels depuis l'établissement des Francs dans les Gaules jusqu'à ce jour.

D. *Maintenant il vous reste à nous dire ce que vous concluez de cette récapitulation pour l'avenir. Il vous reste à nous faire connaître quel est le sort futur des industriels; ou plutôt, pour nous expliquer clairement, il vous reste à tracer la marche que les industriels doivent suivre pour s'é-*

tablir première classe de la société, et pour déterminer la royauté à confier, aux plus importans d'entre eux, le soin de diriger l'administration de la fortune publique. Expliquez-vous clairement à ce sujet.

R. Permettez-nous de vous faire observer que, si nous satisfaisions immédiatement le désir que vous nous témoignez, que, si nous passions immédiatement des considérations sur le passé à celles sur l'avenir, nous procéderions d'une manière qui ne serait pas méthodique. Le grand ordre de choses a intercallé le présent entre le passé et l'avenir, et nous devons, par cette raison, nous arrêter un moment sur le présent avant de nous lancer dans l'avenir.

Voici en peu de mots l'état présent des choses en politique :

Les descendans des Gaulois sont parvenus à détruire complètement l'état d'esclavage individuel qui pesait sur eux; ils se sont activés dans la direction des travaux pacifiques; ils se sont organisés d'une manière industrielle; ils n'ont conservé d'énergie militaire que celle nécessaire pour repousser les invasions, et maintenir, dans l'intérieur, l'ordre, c'est-à-dire le respect aux propriétés. Les descendans des Gaulois, c'est-à-dire les industriels, ont constitué la force pécuniaire, force dominatrice, et ce sont eux qui possèdent cette force; car non-seulement il y a plus d'écus dans leurs coffres que dans ceux des descendans des Francs, mais encore, par le moyen de leur crédit, ils peuvent disposer de la presque totalité de l'argent qui se trouve en France: ainsi les Gaulois sont devenus les plus forts.

Mais le gouvernement est resté dans les mains des descendans des Francs : ce sont les descendans des Francs qui administrent la fortune publique, et les descendans des Francs ont conservé la direction qu'ils ont reçue de leurs ancêtres; de manière que la société présente aujourd'hui ce phénomène extraordinaire : *Une nation qui est essentiellement industrielle, et dont le gouvernement est essentiellement féodal.*

D. *Nous trouvons qu'il existe une grande exagération dans le tableau que vous nous présentez. Certainement le gouvernement est plus féodal que le corps de la nation, mais l'esprit féodal du gouvernement s'est tellement modifié, qu'il se trouve en accord avec l'esprit, les mœurs et les habitudes de la classe industrielle, qui forme effectivement aujourd'hui le corps de la nation, ou, si vous l'aimez mieux, la nation : voilà notre opinion; quelle est la vôtre?*

R. Vous commettez une grande erreur en vous imaginant que les classes gouvernantes se sont mises en accord avec la nation : cet accord est impossible à établir, parce qu'il est contre la nature des choses. Les institutions, de même que les hommes qui les créent, sont modifiables ; mais elles ne sont point dénaturables : leur caractère primitif ne peut pas s'effacer entièrement. Or toute société, dans la constitution de laquelle il se trouve des institutions de nature différente, toute société, quelque petite ou quelque nombreuse qu'elle soit, dans laquelle deux principes antagonistes se trouvent admis, est constituée dans un état de désordre : tel est l'état présent de la population qui habite le territoire français. Les administrés, les gouvernés, dans cette population, ont adopté, pour principe qui sert de guide à leurs actions, le principe industriel ; ils ne veulent obéir qu'aux combinaisons qui concilient les intérêts des parties contractantes ; ils pensent que la fortune publique doit être administrée dans l'intérêt de la majorité ; ils ont en horreur les privilèges et les droits de naissance, la royauté seule exceptée : en un mot, ils tendent à l'établissement de la plus grande égalité possible, tandis que les descendans des Francs, qui forment aujourd'hui la tête du gouvernement, ont toujours présents à l'esprit leurs droits résultant de la conquête, tandis que la nation leur paraît devoir être gouvernée dans leur intérêt, et que leurs idées en politique se bornent à la conception, admirable par sa simplicité, de la division en deux classes : l'une qui commande et l'autre qui obéit.

D. *Il y a une chose que vous n'avez point remarquée : c'est qu'il existe une classe intermédiaire entre les nobles et les industriels ; c'est cette classe précieuse qui est le véritable lien social ; c'est elle qui concilie les principes féodaux avec les principes industriels. Que pensez-vous de cette classe ?*

R. La division que vous venez d'établir est très-belle en métaphysique ; mais ce n'est point de la métaphysique que nous voulons faire ; nous voulons au contraire la combattre. Le but de notre travail est de mettre des faits à la place des raisonnemens des métaphysiciens ; nous allons en conséquence récapituler la formation, l'existence et les derniers travaux de la classe intermédiaire qui vous paraît si précieuse.

Pendant long-temps les Francs rendirent la justice à leurs vassaux, personnellement, seuls, et sans le secours d'aucun érudit. Mais, quand les relations sociales se multiplièrent et se compliquèrent, quand la loi écrite fut introduite, les descendans des Francs, qui tenaient à honneur de ne pas savoir signer leurs noms, ne purent plus suffire aux travaux judiciaires : il se forma une corporation de légistes. Les barons prirent ces légistes pour conseillers; à l'audience, ils les plaçaient entre leurs jambes et les consultaient sur les questions judiciaires qu'il fallait résoudre. Plus tard, ils se déchargèrent entièrement du soin de juger les différends qui survenaient entre leurs vassaux : les légistes tinrent seuls les audiences, et ils rendirent la justice au nom des descendans des Francs. Voilà l'origine d'une des sections de la classe intermédiaire.

Jusqu'à la découverte de la poudre à canon, les hommes d'armes, c'est-à-dire, les descendans des Francs, composèrent le corps de l'armée. Après la découverte de la poudre à canon, les fusiliers et les artilleurs devinrent la force de l'armée; ce furent principalement les descendans des Gaulois qui devinrent ingénieurs, artilleurs et fusiliers, le commandement des troupes restant toujours entre les mains des descendans des Francs. Voilà l'origine d'une autre section de la classe intermédiaire.

La totalité du territoire avait été primitivement partagée entre les Francs. La puissance souveraine était attachée alors à la propriété territoriale. Quand les descendans des Francs se croisèrent et furent obligés de vendre une partie de leurs terres pour se procurer l'argent dont ils avaient besoin, ils se trouvèrent aliéner, en même temps, une portion de leur souveraineté; car, quelque effort qu'ils fissent pour dépouiller les terres qu'ils vendaient des droits de souveraineté, tout le territoire se trouvait tellement imbu de féodalité, que les nouveaux propriétaires, quoique roturiers d'origine, devinrent des nobles au petit pied. Voilà l'origine de la troisième section de la classe intermédiaire.

On voit que ces trois sections, qui composent la classe intermédiaire, ont été créées et engendrées par les descendans des Francs. Nous verrons plus bas qu'elles ont agi conformément à leur nature primitive, dès qu'elles sont parvenues à s'emparer du pouvoir. Mais examinons d'abord quelle a été leur conduite depuis leur origine jusqu'en 1789.

Les légistes, les militaires roturiers et les

propriétaires de terres, qui n'étaient ni nobles, ni cultivateurs, ont joué, le plus ordinairement, le rôle de protecteurs du peuple contre les prétentions et les priviléges des descendans des Francs.

S'étant jugée, en 1789, suffisamment forte pour se débarrasser de la suprématie exercée sur elle par les descendans des Francs, la classe intermédiaire détermina la masse du peuple à s'insurger contre les nobles. Au moyen de la force populaire, elle parvint à faire massacrer une partie des descendans des Francs, et elle força ceux qu'elle ne fit point massacrer à fuir en pays étranger. La classe intermédiaire devint alors la première classe, et il est très-curieux d'observer la conduite qu'elle tint quand elle se fut emparé du pouvoir suprême; la voici.

Elle choisit dans ses rangs un bourgeois qu'elle fit roi; elle donna à ceux de ses membres qui avaient joué le principal rôle dans la révolution, les titres de princes, ducs, comtes, barons, chevaliers, etc.; elle créa des majorats en faveur des nouveaux nobles : en un mot, elle reconstitua la féodalité à son profit.

Voilà la conduite qu'a tenue la classe intermédiaire dont vous présentez l'existence comme étant si utile aux industriels. Certainement les bourgeois ont rendu des services aux industriels; mais, aujourd'hui, la classe bourgeoise pèse avec la classe noble sur la classe industrielle. Les bourgeois n'ont plus d'existence sociale que celle de nobles au petit pied, et les industriels sont intéressés à se débarrasser en même temps de la suprématie exercée sur eux par les descendans des Francs et par la classe intermédiaire, qui a été créée et engendrée par les nobles, et qui, par conséquent, aura toujours pour tendance de constituer la féodalité dans ses intérêts. La classe industrielle ne doit pas former d'autre alliance que celle qu'elle a contractée sous Louis XI avec la royauté; elle doit combiner ses efforts avec la royauté pour établir le régime industriel, c'est-à-dire, le régime sous lequel les industriels les plus importants formeront la première classe de l'état, et seront chargés de diriger l'administration de la fortune publique.

D. *Vous êtes trop tranchant, trop absolu, trop exclusif : vous voudriez qu'il n'y eût qu'une seule classe, celle des industriels; cela est absolument impraticable; car les industriels, eux-mêmes, ont besoin de militaires, de légistes, etc. Pouvez-vous vous justifier du reproche que nous vous adressons?*

R. Produire un système, c'est produire une

opinion qui est, par sa nature, tranchante, absolue et exclusive : voilà notre réponse à la première partie de votre objection. Vous dites ensuite que nous voulons qu'il n'existe plus qu'une seule classe dans la société, celle des industriels ; vous vous trompez : ce que nous voulons, ou plutôt ce que les progrès de la civilisation veulent, c'est que la classe industrielle soit constituée la première de toutes les classes ; c'est que les autres classes lui soient subordonnées.

Dans les temps d'ignorance, la direction d'activité nationale a été principalement militaire, et secondairement industrielle ; à cette époque, toutes les classes de la société ont dû être subordonnées à la classe militaire : telle a été effectivement l'organisation sociale de cette époque, et elle aurait été mauvaise si elle n'avait pas eu ce caractère tranchant, exclusif, absolu. Les progrès de la civilisation ont amené un état de choses dans lequel la direction de la population en France est essentiellement industrielle ; donc la classe industrielle doit être constituée la première de toutes ; donc les autres classes doivent lui être subordonnées. Certainement les industriels ont besoin d'une armée ; certainement ils ont besoin de tribunaux ; certainement les propriétaires ne doivent point être forcés à engager leurs capitaux dans l'industrie ; mais c'est une chose monstrueuse que ce soient les militaires, les légistes et les propriétaires oisifs qui soient les principaux directeurs de la fortune publique dans l'état présent de la civilisation.

D. *Arrêtez-vous ; vous vous étendez beaucoup trop pour le moment ; vous entrez dans la discussion du fond de la question, et vous perdez de vue que le point d'examen qui nous occupe présentement, a pour objet de préciser le caractère de l'état présent des choses en politique. Donnez-nous donc votre résumé à cet égard.*

R. Voici, en deux mots, le résumé que vous nous demandez : L'ÉPOQUE ACTUELLE EST UNE ÉPOQUE DE TRANSITION.

D. *Passons à la considération de l'avenir, et dites-nous clairement quel sera, en définitif, le sort politique des industriels ?*

R. Les industriels se constitueront première classe de la société ; les industriels les plus importants se chargeront gratuitement de diriger l'administration de la fortune publique : ce sont eux qui feront la loi, ce sont eux qui fixeront le rang que les autres classes occuperont entre elles ; ils accorderont à chacune d'elles une importance proportionnée aux services que chacune d'elles rendra à l'industrie ; tel sera inévitablement le résultat final de la révolution actuelle ; et, quand ce résultat sera obtenu, la tranquillité sera complètement assurée, la prospérité publique marchera avec toute la rapidité possible, et la société jouira de tout le bonheur individuel et collectif auquel la nature humaine pourrait prétendre.

Voilà notre opinion sur l'avenir des industriels, et sur celui de la société ; voici les considérations sur lesquelles cette opinion est fondée :

1.° La récapitulation du passé de la société nous a prouvé que la classe industrielle avait continuellement acquis de l'importance, tandis que les autres en avaient toujours perdu ; et nous devons conclure de là que la classe industrielle doit finir par se constituer la plus importante de toutes.

2.° Le simple bon sens a placé, dans tous les individus, le raisonnement suivant : les hommes ayant toujours travaillé à l'amélioration de leur sort, le but vers lequel ils ont toujours tendu a été celui de l'établissement d'un ordre social dans lequel la classe occupée des travaux les plus utiles soit la plus considérée, et c'est à ce but que la société finira nécessairement par atteindre.

3.° Le travail est la source de toutes les vertus; les travaux les plus utiles sont ceux qui doivent être les plus considérés; ainsi la morale divine et la morale humaine appellent également la classe industrielle à jouer le premier rôle dans la société.

4.° La société se compose d'individus; le développement de l'intelligence sociale ne peut être que celui de l'intelligence individuelle sur une plus grande échelle. Si l'on observe la marche que suit l'éducation des individus, on remarque, dans les écoles primaires, l'action de gouverner comme étant la plus forte; et, dans les écoles d'un rang plus élevé, on voit l'action de gouverner les enfans diminuer toujours d'intensité, tandis que l'enseignement joue un rôle de plus en plus important : il en a été de même pour l'éducation de la société; l'action militaire, c'est-à-dire, l'action féodale, a dû être la plus forte à son origine; elle a toujours dû décroître, tandis que l'action administrative a toujours dû acquérir de l'importance, et le pouvoir administratif doit nécessairement finir par dominer le pouvoir militaire.

Les militaires et les légistes doivent finir par être aux ordres des hommes les plus capables en administration; car une société éclairée n'a besoin que d'être administrée; car, dans une société éclairée, la force des lois et celle des militaires pour faire obéir à la loi, ne doivent être employées que contre ceux qui entreprendraient de troubler l'administration. Les conceptions directrices de la force sociale doivent être produites par les hommes les plus capables en administration. Or, les industriels les plus importants étant ceux qui ont fait preuve de la plus grande capacité en administration, puisque c'est à leur capacité dans ce genre qu'ils doivent l'importance qu'ils ont acquise, ce sont eux qui, en définitif, seront nécessairement chargés de la direction des intérêts sociaux.

D. *Nous trouvons votre démonstration suffisante, nous admettons votre opinion sur l'avenir politique des industriels, et nous allons entamer immédiatement l'examen de la grande question, de celle à l'égard de laquelle tout ce que nous avons dit précédemment n'a été que préliminaire, que préparatoire, de la question après laquelle nous n'aurons plus que des questions secondaires à traiter, de celle enfin qui intéresse le plus directement les industriels.*

Dites-nous comment s'opérera le changement radical que vous nous avez prouvé devoir s'effectuer; dites-nous ce que les industriels doivent faire pour s'élever au premier rang social ; dites-nous comment se fera l'entreprise qui doit les conduire à ce résultat ; dites-nous comment cette entreprise sera conduite : dites-nous surtout quels seront les hommes assez audacieux pour faire une pareille entreprise.

R. Notre réponse à la demande que vous venez de nous faire ; sera la plus claire et la plus positive ; nous sommes les mortels audacieux qui faisons cette entreprise : NOUS ENTREPRENONS D'ÉLEVER LES INDUSTRIELS AU PREMIER DEGRÉ DE CONSIDÉRATION ET DE POUVOIR.

Nous vous dirons plus : nous vous dirons que cette entreprise se trouve commencée par le fait de la production de ce premier cahier du Catéchisme des Industriels.

D. *Votre réponse est très-positive, sous ce rapport que c'est vous qui entreprenez d'opérer le changement qui doit placer les industriels en tête de la société ; mais elle n'est positive que sous ce rapport : il nous reste maintenant à examiner si votre entreprise est bien conçue, si vous êtes capable de diriger une entreprise aussi vaste ; il vous reste à nous faire connaître votre combinaison, la marche que vous comptez suivre, et surtout quels sont les moyens pé-*

cuniaires que vous possédez pour fournir aux dépenses de l'entreprise ; car les industriels ne sont susceptibles d'éprouver aucun intérêt pour une entreprise dont la partie financière a été mal conçue, mal combinée.

Au surplus, nous vous avouerons que nous sommes fort satisfaits de voir que vous fassiez de cette entreprise une affaire qui vous soit personnelle : il est certain que les choses qui sont l'affaire de tout le monde finissent par n'être l'affaire de personne ; il est certain que l'intérêt personnel est le seul agent qui puisse diriger l'intérêt public. La difficulté est de trouver la combinaison qui fait coïncider l'intérêt personnel avec l'intérêt public. Nous ne croyons pas devoir nous étendre davantage au sujet du principe, puisque l'examen se trouve réduit à celui d'un fait particulier, du fait de votre entreprise. Nous vous prions donc de répondre aux questions que nous vous avons faites en tête de cette demande.

R. Nous commencerons par nous faire connaître ; car le public aime à savoir positivement quelles sont les personnes qui prennent la liberté d'appeler son attention sur leur pensée ; nous vous faisons en conséquence les déclarations suivantes, qui portent d'abord sur notre conduite politique, et ensuite sur nos travaux.

1.° Nous n'avons joué que le rôle d'observateur pendant tout le cours de la révolution; nous n'avons rempli aucune fonction publique, nous n'avons pas même été notable de village, et nous ne nous sommes liés à aucun des partis politiques qui ont divisé la France depuis 1789. En un mot, l'opinion que nous produisons est *vierge.*

2.° Ce n'est pas légèrement que nous avons fait cette entreprise; nous avons employé quarante-cinq ans à la méditer et à la préparer.

En résultat de nos méditations et de nos travaux, nous avons reconnu que, pour passer du régime dans lequel les industriels sont soumis à la direction des militaires, des légistes et des rentiers, à l'ordre social qui doit placer la direction des intérêts généraux dans les mains des industriels, il y avait une condition indispensable à remplir, c'était de concevoir, d'une manière bien nette, le régime industriel, et de le faire concevoir aux industriels les plus importants, c'est-à-dire, nous avons reconnu qu'il fallait faire concevoir aux industriels les plus importants, de quelle manière ils pouvaient et devaient employer toutes les capacités utiles, pour le service de l'industrie et pour l'intérêt des producteurs ; nous avons reconnu enfin que l'entreprise dont la société avait besoin, et que nous nous sommes déterminés à faire, n'offrait qu'une seule difficulté, celle de concevoir, d'une manière claire, le système industriel; que la difficulté consistait à trouver le moyen de mettre en accord le système scientifique, le système d'éducation publique, le système religieux, le système des beaux-arts, et le système des lois avec le système des industriels ; qu'elle consistait à trouver le moyen de faire concourir les savans, les théologiens, les artistes, les légistes, les militaires et les rentiers les plus capables, à l'établissement du système social le plus avantageux à la production, et le plus satisfaisant pour les producteurs.

Nous vous déclarons enfin que nous sommes venus à bout de vaincre cette difficulté; nous vous déclarons que nous indiquerons aux industriels, dans ce Catéchisme, d'une manière claire et suffisamment développée, les moyens qu'ils doivent employer pour faire concourir toutes les capacités utiles à l'établissement de l'organisation sociale qui peut leur procurer le plus de satisfaction.

D. *Nous ne convenons pas que la difficulté que vous prétendez avoir surmontée, soit la seule qui s'oppose au succès de votre entre-*

prise ; mais nous avouons qu'elle nous paraît la plus grande de toutes, et nous vous prions de nous dire positivement où vous en êtes relativement à ce travail. Nous vous prions de nous dire si ce travail n'existe encore dans votre tête qu'en aperçu, ou s'il est sur le papier.

R. Nous joindrons au troisième cahier du Catéchisme, un volume sur le système scientifique et sur le système d'éducation.

Ce travail, dont nous avons jeté les bases, et dont nous avons confié l'exécution à notre élève Auguste Comte, exposera le système industriel à *priori* pendant que nous continuerons dans ce catéchisme son exposition à *postériori.*

D. *Nous admettons, pour le moment, que vous êtes parvenu à concevoir clairement la marche que les industriels doivent suivre pour s'élever au premier degré d'importance sociale; mais nous vous dirons que, cette première difficulté vainçue, il s'en présente une seconde.*

Comment ferez-vous entendre aux industriels le plan que vous avez conçu?

R. On exprime facilement ce qu'on conçoit clairement : les premières pages de ce Catéchisme suffisent pour vous prouver que nous nous trouvons en mesure, en résultat de quarante-cinq ans de travaux, d'exposer nos idées d'une manière claire et facile à saisir.

D. *Après que ces deux difficultés seront vaincues, il s'en présentera une troisième qui sera peut-être plus difficile à surmonter que les deux premières. Nous admettons que vous avez bien conçu, c'est-à-dire, bien inventé le système industriel; nous admettons que vous l'avez clairement exposé : nous admettons enfin qu'il est bien compris par les industriels; et, tout cela admis, nous vous demandons quel moyen les industriels pourront employer pour l'établir.*

R. Il a fallu une immense quantité de pierres et beaucoup de temps pour construire le dôme de Saint-Pierre de Rome; mais, après l'exécution d'un grand nombre de travaux, il est enfin arrivé un moment où la pose d'une seule pierre a fermé la coupole et terminé l'édifice.

Depuis le quinzième siècle, le système féodal s'est successivement désorganisé; le système industriel s'est successivement organisé. Une conduite convenable de la part des principaux chefs de l'industrie, bien unis entre eux, suffira pour établir le système industriel, et pour faire abandonner par la société les ruines de l'édifice féodal que nos ancêtres ont habité.

D. *Précisez davantage votre idée, et donnez-lui plus de développement.*

R. Le moment n'est pas convenable pour discuter cette question ; nous ne devons développer nos idées relativement aux moyens d'exécution qu'après avoir terminé l'exposition de notre système, qu'après avoir réfuté les objections qui nous seront faites. Cependant pour satisfaire, par anticipation, par aperçu, et autant qu'il est possible actuellement, le désir que vous nous témoignez, nous vous dirons : les intérêts politiques de l'Europe se discutent dans la France, et les intérêts sociaux des Français se discutent à Paris. Or, la classe industrielle se trouvant dans la population parisienne, plus nombreuse et plus importante que toutes les autres classes réunies, les industriels parisiens peuvent s'organiser en parti politique; une fois les industriels parisiens organisés, l'organisation de tous les Français, et ensuite de tous les Européens industriels occidentaux, deviendra facile, et il résultera nécessairement de l'organisation des Européens industriels, en parti politique, l'établissement du système industriel en Europe, et l'anéantissement du système féodal.

D. *Mais le gouvernement s'opposera à la formation de la classe industrielle parisienne en parti politique.*

R. Vous vous trompez, et votre erreur provient de ce que vous confondez toujours le parti libéral avec le parti industriel.

Le parti libéral a toujours eu et aura toujours pour directeurs les classes intermédiaires. Or, ces classes ayant été engendrées par la classe féodale, tiennent de la nature de la féodalité ; ainsi elles doivent nécessairement tendre à réorganiser la féodalité à leur profit. La véritable devise des chefs de ce parti est, ôte-toi de là, que je m'y mette : leur but apparent est la suppression des abus ; leur but réel est de les exploiter pour leur propre avantage. Ainsi le gouvernement a dû et il doit employer toutes ses forces pour empêcher l'accroissement d'importance du parti libéral.

Le gouvernement, au contraire, ne devra point, ne voudra point, ne pourrait point empêcher la formation du parti industriel, parce que ce parti est essentiellement pacifique, essentiellement moral ; parce qu'il ne tend à exercer d'action que par la force de l'opinion publique, et que le gouvernement ne peut point empêcher la formation de l'opinion publique.

En un mot, la classe industrielle forme les

vingt-quatre vingt-cinquièmes de la nation; ainsi, quand les industriels auront une opinion politique qui leur sera propre, cette opinion sera l'opinion publique, et l'opinion publique est, comme dit le proverbe, la reine du monde. Aucune force ne peut lui résister : si la tranquillité n'est pas encore complètement assurée, c'est que l'opinion publique ne s'est pas encore prononcée.

D. *Vous devriez présenter votre travail au Roi. — Pour que ce grand changement social s'opère d'une manière pacifique, il faudrait qu'il fût provoqué et dirigé par la royauté. Que pensez-vous de cette idée ?*

R. Certainement nous adressons ce travail à M. le président du conseil des ministres, en le priant de le mettre sous les yeux de S. M.; mais il ne faut pas vous figurer que le roi puisse travailler immédiatement à opérer ce changement. Pour que ce changement soit praticable, il faut qu'il ait été préparé par les écrivains. Le pouvoir royal est beaucoup plus limité qu'on ne le croit en général; il est limité par le grand ordre de choses. Un souverain qui veut améliorer l'organisation sociale de ses peuples plus que l'état de leurs lumières et de leur civilisation ne le comporte, échoue nécessairement dans son entreprise. Nous avons eu de cette importante vérité un exemple contemporain dans les malheurs, arrivés en Autriche à Joseph II, qui avait entrepris de vendre les biens du clergé, et de diminuer les priviléges des nobles.

Il faut que la doctrine industrielle ait été propagée ; il faut que les industriels les plus importants aient acquis une idée bien claire de la manière dont ils doivent employer les savans, les artistes, les légistes, les militaires et les rentiers, pour la plus grande prospérité de l'industrie, avant que le Roi puisse employer utilement son autorité pour placer les industriels au premier rang social.

Examinez l'état présent de la conscience des industriels, et vous reconnaîtrez qu'ils n'éprouvent point le sentiment de la supériorité de leur classe : presque tous désirent en sortir pour passer dans la classe des nobles. Les uns sollicitent un brevet de baron ; d'autres, en plus grand nombre, s'empressent d'offrir aux descendans des Francs la fortune qu'ils ont acquise dans l'industrie, à condition qu'ils voudront bien prendre leur fille. Loin de se soutenir les uns les autres, ils se jalousent et cherchent réciproquement à se nuire auprès des autorités. Les banquiers de tous les pays s'empressent de vendre à tous les gouvernemens le crédit de l'industrie, sans être arrêtés dans leurs opérations financières par l'idée qu'ils s'associent aux *débris de la féodalité*, et qu'ils prolongent l'état de subalternité dans lequel la classe industrielle s'est trouvée jusqu'à ce jour à l'égard des autres classes (1).

D. *Vous conviendrez au moins qu'il vous faudra beaucoup de temps pour réussir dans cette entreprise, c'est-à-dire, pour faire l'éducation des industriels, et pour leur apprendre à se conduire conformément à leur intérêt ?*

R. Il faudra beaucoup moins de temps que

(1) Qu'on parcoure les salons de la Chaussée-d'Antin, on verra qu'ils sont peuplés de faiseurs de phrases et de rentiers insignifians. Chez les banquiers libéraux, on trouvera grand nombre de fonctionnaires publics destitués, qui travaillent à ressaisir le pouvoir et à remettre la main dans le trésor public. Chez ceux qui escomptent volontiers l'avenir politique des nobles, ce sont les fonctionnaires publics qui sont présentement en possession de l'exploitation des abus ; mais chez les uns ainsi que chez les autres, on ne trouvera qu'un très-petit nombre de membres du corps de l'industrie, et on remarquera qu'ils sont presque toujours placés au bas de la table.

Le jour où les banquiers feront de leur maison un lieu de réunion agréable pour les industriels de la rue Saint-Denis, de la rue de la Verrerie, de la rue des Bourdonnais, etc., ainsi que pour les manufacturiers établis dans les faubourgs, les industriels commenceront à former un parti politique; ils commenceront à exercer une véritable influence sur l'administration des affaires publiques. L'Europe est dans la France, et la France dans Paris. En moins d'un an les banquiers de Paris peuvent jouer le rôle politique le plus important en Europe, s'ils savent s'entendre, et employer convenablement leurs moyens, qu'ils ont, jusqu'à ce jour, gaspillés d'une manière pitoyable, nous pourrions même dire qu'ils ont employés d'une manière directement contraire aux intérêts politiques de la classe industrielle.

Ce sont toujours les chefs du parti qui ont tort quand les affaires du parti ne vont pas bien.

vous ne l'imaginez : on apprend très-vite ce qu'on a grand intérêt, un intérêt positif à savoir. L'éducation politique des industriels demandera beaucoup moins de temps que vous ne le pensez ; elle s'effectuera d'autant plus vite que la publication du système industriel déterminera les hommes les plus capables dans toutes les directions utiles à y travailler; il est si doux de nager dans la direction du courant ; il est si extravagant de vouloir rétrograder en civilisation, qu'une fois l'idée bien établie que le système industriel doit prédominer, tous les hommes capables dans tous les genres cesseront de travailler à prolonger l'existence politique *des débris de la féodalité.*

Les hommes les plus capables dans la direction scientifique, théologique, des beaux-arts, dans celle des légistes, des militaires et des rentiers, ne tarderont pas à s'associer à notre entreprise; et, quand une minorité capable dans ces différents genres travaillera à la formation du système industriel, sous la direction administrative des industriels les plus importants, ce système s'organisera promptement, et il sera promptement mis à exécution.

D. *Passons à l'examen de la partie financière de votre entreprise, et dites-nous comment vous vous procurerez les fonds dont vous aurez besoin pour l'exécution d'un si grand projet.*

R. L'exposé de notre conception financière serait prématuré dans ce moment; nous devons attendre, pour le présenter, que notre Catéchisme ait fixé l'attention des industriels les plus importants : nous nous bornerons aujourd'hui à vous dire qu'en résultat de cette combinaison, on verra escompter à la bourse l'avenir politique des industriels, de même qu'on y escompte à présent l'avenir féodal de l'Autriche, ainsi que l'avenir constitutionnel de l'Angleterre et de la France.

D. *Il vous reste à nous parler de la conduite politique qui doit être tenue par la masse des industriels pendant le temps que demande l'exécution de la grande entreprise que vous faites.*

R. Les industriels qui recevront ce Catéchisme doivent le lire avec la plus grande attention; ils doivent le communiquer aux industriels de leurs amis; ils doivent en causer avec eux, discuter les idées et surtout les faits qui y sont exposés, et s'approprier, le plus possible, la doctrine qui y est professée.

D. *En admettant ce que vous venez de dire,*

il en résulterait que les industriels deviendraient totalement passifs en politique, pour tout le temps qu'exigera la publication de votre doctrine, ce qui est monstrueux et absurde ; il est donc indispensable que vous nous disiez quel est celui des partis politiques existans que les industriels doivent soutenir, en attendant que la publication de votre doctrine leur ait procuré les moyens de se former en parti politique industriel, purement industriel, et bien distinct de tous les partis qui ont existé jusqu'à ce jour.

En nous résumant, nous vous demandons quel est celui des partis politiques existans auquel les industriels doivent accorder leur appui.

R. C'est au centre gauche et au centre droit, considérés comme ne formant qu'un seul parti, que les industriels doivent accorder leur appui, par la raison que les actes de violence, que les coups d'état sont les événemens les plus à redouter pour les producteurs qui ne peuvent atteindre à leur but que par des moyens loyaux, légaux et pacifiques. Or, les membres du centre gauche et ceux du centre droit se montrent les plus pacifiques de tous les députés. Les députés les plus ambitieux, ceux qui répugnent le moins à l'emploi des moyens violents et des coups d'état, occupent l'extrême gauche et l'extrême droite.

D. *Maintenant résumez-nous en peu de mots toutes les questions que nous avons discutées depuis le commencement de cet entretien.*

R. Voici la récapitulation, ou, si vous l'aimez mieux, le résumé général de notre entretien. Ce résumé sera suivi d'une conclusion; ainsi nous vous donnerons plus que vous ne nous demandez.

Il est évident que le régime industriel est celui qui peut procurer aux hommes la plus grande somme de liberté générale et individuelle, en assurant à la société la plus grande tranquillité, dont elle puisse jouir.

Il est également évident que ce régime investira la morale du plus grand empire qu'elle puisse exercer sur les hommes, tout en procurant à la société en général et à ses membres en particulier le plus grand nombre possible de jouissances positives.

Il est évident aussi que la société ne peut pas être conduite du régime féodal au régime industriel par la routine, ces deux régimes étant radicalement distincts et même opposés. Le premier a tendu à établir entre les hommes la plus grande inégalité possible, en les séparant en deux classes, celle des gouvernés et celle des gouvernans; en rendant le droit de gouverner héréditaire, et en transmettant des pères aux enfans l'obligation d'obéir (1).

Le système industriel est fondé sur le principe de l'égalité parfaite; il s'oppose à l'établissement de tout droit de naissance et de toute espèce de privilége (2).

Il est évident que le régime industriel, ne pouvant être introduit ni par le hasard, ni par la routine, il a dû être conçu *à priori*, et que par conséquent il a dû être inventé dans son ensemble, avant de pouvoir être mis à exécution.

Il est évident enfin, par le fait de la production de ce Catéchisme, que l'esprit humain s'est élevé à la conception de l'ensemble du régime industriel.

De ces évidences, nous tirons la conclusion que la morale divine et humaine appelle les hommes les plus distingués dans tous les genres de capacité à réunir leurs efforts pour opérer l'organisation du système industriel dans ses détails, et pour déterminer la société générale à le mettre à exécution; nous tirons la conclusion que la classe industrielle étant celle qui produit

(1) Ce premier système a rendu de grands services dans les temps d'ignorance.

(2) Ce régime est le seul qui puisse convenir à l'état présent des lumières et de la civilisation.

toutes les richesses, et, en même temps, celle qui se trouve la plus intéressée à l'établissement du régime industriel, ce sont les industriels qui doivent payer volontairement toutes les dépenses que pourra exiger la transition du système féodal, modifié par le régime constitutionnel, au système industriel pur.

D. *Ce que vous venez de nous dire est fort intéressant et très-séduisant. La série d'observations que vous nous avez présentée est très-claire et fort bien établie; la conséquence que vous en avez tirée s'en déduit bien naturellement: en un mot, nous sommes violemment tentés d'adopter votre système, et nous l'adopterons certainement si vous vous trouvez en état de réfuter les quatre objections que nous allons vous faire.*

Voici la première de ces objections, ou plutôt voici le premier point que nous vous prions d'éclaircir :

Le changement que vous proposez dans l'organisation sociale, peut-il s'effectuer sans nuire à l'institution de la royauté?

R. L'institution de la royauté a un caractère de généralité qui la distingue et qui la met au-dessus de toutes les autres institutions. Son existence n'est point liée au système politique actuel, à un système politique quelconque. Cette institution conviendra également à tous les systèmes d'organisation sociale, dont les progrès de la civilisation pourront nécessiter l'établissement.

Que le Roi de France déclare ou plutôt reconnaisse que les industriels forment la première classe de ses sujets, qu'il charge les industriels les plus importants de la direction de ses finances, il ne sera ni plus ni moins roi de la France et des Français qu'il ne l'est aujourd'hui, la royauté étant indépendante de la classification des sujets. L'immense majorité de la nation se trouvant plus heureuse par l'effet de la diminution des impôts et leur meilleur emploi, ce qui résulterait directement du fait que les industriels les plus importants seraient chargés de l'administration de la fortune publique, seront nécessairement beaucoup plus attachés au Roi.

Ainsi le changement que nous proposons n'est point hostile à l'égard de la royauté, de la légitimité et même du droit divin; il tend au contraire directement à donner au Roi plus de tranquillité, et à lui procurer par conséquent plus de bonheur positif.

Il est de la nature des choses que le Roi prenne le titre de premier Français de la première classe des Français; ainsi Sa Majesté a dû se dire premier gentilhomme, premier soldat de son royaume, tant que la tendance de la nation a été principalement militaire; et aujourd'hui que la nation s'active principalement dans la direction industrielle, aujourd'hui que c'est essentiellement par des travaux pacifiques qu'elle s'efforce d'accroître sa prospérité, le seul titre qui puisse convenir au Roi est celui de premier industriel de son royaume.

Nous ajouterons à ce que nous venons de dire une observation très-importante : c'est que la royauté, qui est l'organe de l'opinion publique, que la royauté, dont la fonction sociale la plus honorable consiste à proclamer l'état de l'opinion de la majorité, n'a pas encore pu proclamer que la classe industrielle est la première classe de la nation, puisque les industriels n'ont point manifesté jusqu'à présent le sentiment de leur supériorité, puisqu'ils n'ont point émis l'opinion que les plus importants d'entre eux sont les Français les plus capables de bien diriger l'administration des finances. Le Roi, en prenant l'initiative à cet égard, se serait exposé à voir toutes les factions qui se disputent aujourd'hui l'administration des finances pour exploiter la nation à leur profit, se réunir contre lui, sans qu'il ait eu aucune force à leur opposer, aucun moyen de leur résister.

D'après l'explication que nous venons de vous donner, nous espérons que vous resterez entièrement convaincus que notre système n'est point offensif à l'égard de la royauté, et qu'il n'est pas même improbatif de la conduite tenue par le Roi jusqu'à ce jour.

La vérité est que le sort des industriels a été constamment dans leurs mains depuis l'établissement du système de crédit, qu'il y est encore aujourd'hui, et que le jour où la classe des industriels manifestera le désir que la direction de la fortune publique soit confiée aux plus importants d'entre eux, la royauté, comme organe de l'opinion publique, s'empressera de proclamer que tel est le désir de la majorité, et que la minorité doit s'y soumettre.

D. *Voici notre seconde objection :*

Avant que le Roi eût octroyé la charte à la nation, il lui était loisible de confier la direction de la fortune publique à des industriels, de préférence à des individus pris dans les autres classes de la société; mais aujourd'hui que la charte a réglé la manière dont l'impôt doit être voté, il faudrait que le roi révoquât les principales dispositions de la charte, pour qu'il pût charger les industriels du soin de faire le budget. Qu'avez-vous à répondre ?

R. Le Roi a accordé aux chambres le droit de discuter la loi des finances et de voter l'emprunt ; mais il s'est réservé l'initiative pour la présentation de la loi des finances. Sa Majesté peut faire faire le projet du budget par qui elle veut ; en un mot, le Roi est le maître de confier aux industriels les plus importants la haute direction de la fortune publique , maintenant même qu'il a octroyé la charte , puisqu'il peut légalement , c'est-à-dire , sans contrevenir à aucun article de cette charte , établir, par une simple ordonnance , les mesures suivantes :

Le Roi peut créer une commission suprême des finances, et composer cette commission des industriels les plus importants. Il peut superposer cette commission à son conseil des ministres. Il peut réunir cette commission tous les ans , la charger de faire le projet de budget , et la charger également du soin d'examiner si les ministres ont employé convenablement les crédits qui leur auront été accordés par le budget précédent , et s'ils ne les ont point dépassés.

Ce faisant , Sa Majesté se trouverait avoir investi la classe industrielle de la haute direction de la fortune publique ; elle se trouverait avoir opéré la grande réforme, le changement radical que les progrès de la civilisation ont nécessité dans l'organisation sociale , puisque le système féodal se trouverait complètement anéanti , et le système industriel complètement établi ; puisque les industriels seraient placés en première ligne pour la considération et pour le pouvoir, tandis que les nobles, les militaires, les légistes, les rentiers et les fonctionnaires publics ne jouiraient plus que d'une considération secondaire, et qu'ils n'exploiteraient plus que des pouvoirs subalternes.

D. *Il est certain que le Roi peut charger les industriels les plus importants du soin de faire le projet de budget; mais les conséquences que vous prétendez devoir résulter d'une pareille mesure ne nous paraissent point en être une suite nécessaire.*

Songez donc que la chambre des députés se compose, pour la très-majeure partie, de nobles, de militaires, de légistes, de rentiers et de fonctionnaires publics, en un mot, d'hommes intéressés à faire payer le plus possible à l'industrie, parce qu'une très-grande partie des sommes payées par les industriels entre dans leurs poches à titre d'appointemens, de gratifications, d'indemnités, etc.

Songez que la chambre des pairs se compose en grande partie des pensionnaires du trésor public, et que les pairs sont par conséquent intéressés à l'accroissement des recettes; cet accroissement leur offrant la pers-

pective d'une augmentation dans les traitemens qu'ils reçoivent, et qui leur paraissent trop mesquins.

Songez enfin qu'il y aurait presque unanimité dans les chambres contre un projet de budget fait par des industriels, puisque ce projet tendrait directement a établir dans l'administration de la fortune publique l'ordre, l'économie et le bon emploi de l'impôt payé par la nation; impôt qui se trouve payé, pour la majeure partie, par la classe industrielle. Il nous paraît certain que les vues bienfaisantes et paternelles du roi pour la nation seraient contrariées et même annulées par les chambres. Qu'avez-vous a répondre? Dites-nous si vous concevez un moyen de faire adopter par les chambres un projet de budget fait par les industriels, sans avoir recours à quelque coup d'état, c'est-a-dire, sans violer la charte.

R. Les nobles, les militaires, les légistes et les rentiers n'entreprendront point de lutter contre le Roi uni aux industriels; car le Roi uni aux industriels est une force cent fois et peut-être mille fois plus considérable que celle de toutes les autres classes de la société réunies, et les membres de la chambre n'ont d'autre force positive que celle qu'il résulte pour eux de l'appui qu'ils trouvent dans les différentes classes qui composent la société. Le projet de budget fait par les industriels les plus importants, sera admis sans difficulté par les chambres, et le changement radical dans l'organisation sociale se trouvera effectué sans qu'il ait été commis aucune infraction à la charte octroyée par le Roi à la Nation. Au surplus, vous pouvez être tranquilles relativement à la manière dont les fonctionnaires publics actuels, dont les nobles et dont les bourgeois de toutes les classes seront traités par les industriels chargés de faire le projet de budget. Les industriels répugnent à tout changement brusque; il est dans leur nature et dans leurs habitudes politiques de n'opérer les réformes que successivement, que très-lentement; mais ils sont persévérants, et une fois qu'ils auront commencé l'exécution du plan de réforme qu'ils concevront, ils y travailleront sans relâche, jusqu'au moment où ils seront parvenus à établir l'administration de la fortune publique sur le pied le plus économique possible.

En résumant nos réponses à vos deux premières objections, nous disons que nos idées ne sont hostiles ni à l'égard de la charte, ni à l'égard de la royauté, ni à l'égard de la légitimité, ni à l'égard du droit divin.

D. *Nous vous proposons de borner ici notre*

premier entretien. Plusieurs motifs nous engagent à vous faire cette proposition; d'abord nous vous ferons observer que les industriels ont peu de temps à donner à la lecture, attendu qu'ils sont fort occupés de leurs affaires personnelles ; ensuite nous vous dirons qu'ils sont encore peu habitués à examiner des idées générales. Ces deux motifs nous engagent à rendre nos dialogues les plus courts possible : à ces deux motifs s'en joint un troisième, c'est que les deux objections qu'il nous reste à vous faire, sont d'une autre nature que les deux premières. Nous avons considéré jusqu'à ce moment la France, dans notre discussion, comme isolée, tandis que ses voisins exercent sur elle une grande influence. Nous aurons donc à examiner, par exemple, ses rapports avec l'Angleterre, et ceux qu'elle a avec la sainte alliance, ce qui devient une question différente à traiter.

Que pensez-vous de notre proposition?

R. Elle nous paraît très-bien motivée, et nous l'acceptons. Nous bornerons donc ici notre premier entretien; ce qui nous convient également sous cet autre rapport, que, si ce commencement de travail n'intéressait pas les industriels, il serait inutile de le continuer.

www.ingramcontent.com/pod-product-compliance
Ingram Content Group UK Ltd.
Pitfield, Milton Keynes, MK11 3LW, UK
UKHW020400180726
13839UKWH00003B/1223

9 782329 064949